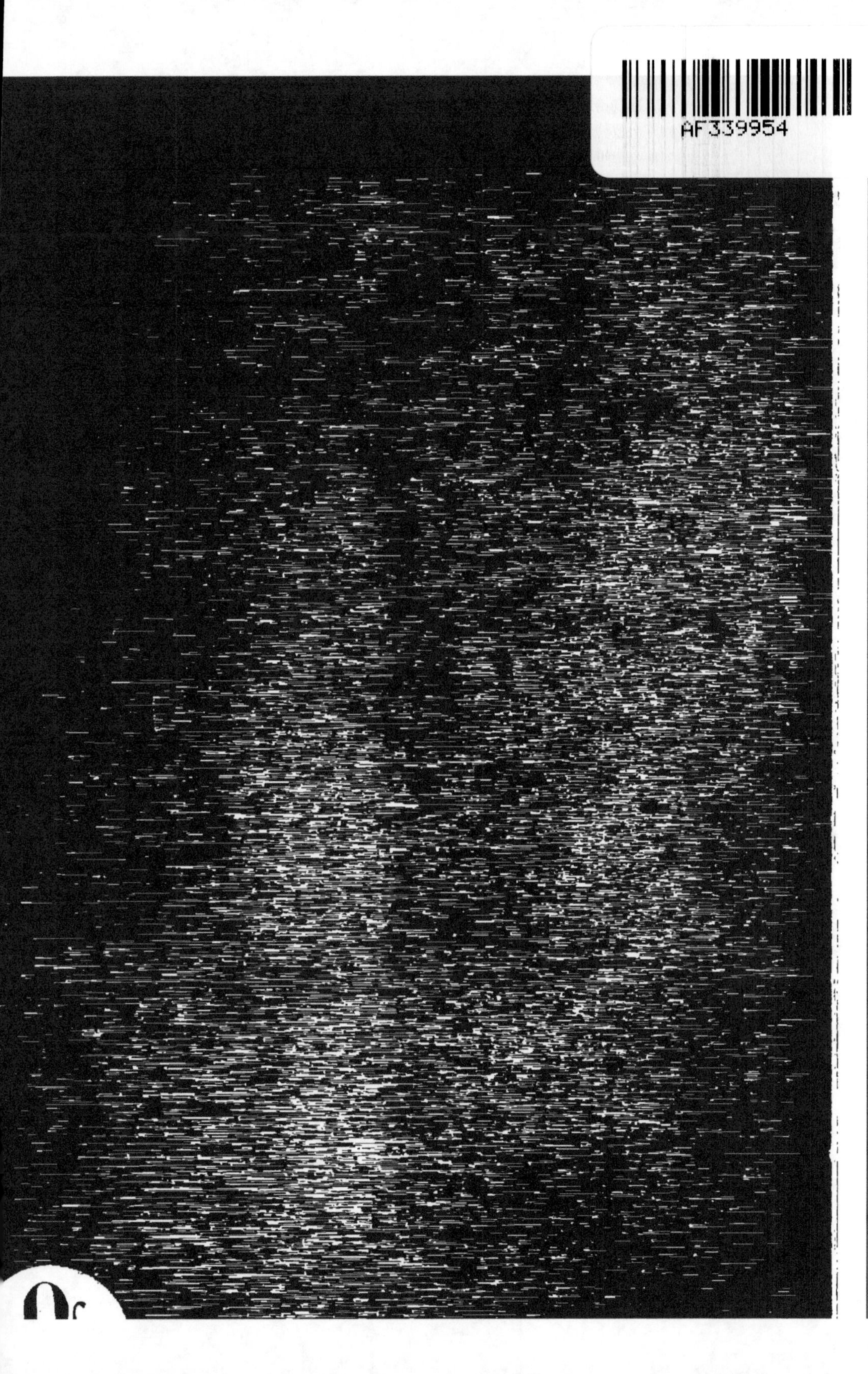
AF339954

L'ESPAGNE

AU POINT DE VUE

DU MARIAGE

D'ISABELLE.

A PARIS,

CHEZ G. DENTU, LIBRAIRE,

PALAIS-ROYAL, GALERIE D'ORLÉANS.

1843

L'ESPAGNE

DU MARIAGE D'ISABELLE.

Les événements qui depuis dix ans ont agité l'Espagne, et surtout le drame qui s'est noué récemment et qui vient de se dénouer d'une manière si brusque et si inattendue, la gravité d'un avenir que nul ne peut prévoir, tout appelle en ce moment l'attention de l'Europe entière sur les affaires de la Péninsule. On l'a dit avec raison, la politique de l'Espagne, la tendance et les vues de son gouvernement, ne peuvent être indifférentes à la France. Royaume limitrophe, plus intimement encore uni à nous depuis *le pacte de famille* qu'il ne l'était même à l'époque de Philippe V, il importe en tout temps à notre gouvernement, à sa sûreté, à sa tranquillité, qu'il soit certain qu'en cas de guerre, nos frontières sur les Pyrénées seront hors de toute atteinte, ou que l'aggression, si elle a lieu, sera franche et naturelle. Le gouvernement français doit donc, aujourd'hui que ses relations de famille ne sont plus les mêmes, aujourd'hui que le souvenir de 1823 est méconnu par le pouvoir de Madrid, aujourd'hui que les anniversaires du 2 mai 1808, célébrées chaque année, entretiennent une sorte d'irritation non pas contre Napoléon seulement, mais contre la nation française que l'on fait complice des torts de son empereur, aujourd'hui enfin que les Anglais cherchent à se rendre, sous le titre d'alliés, les oppresseurs de l'Espagne comme ils sont ceux du Portugal, le gouvernement français, disons-nous, doit exercer une surveillance active, et veiller à ce que l'Espagne ne devienne pas hostile pour lui. Bref, le gouvernement français, s'il était destiné à porter ses forces sur le Rhin, doit assurer son repos sur les Pyrénées et être dégagé de toute inquiétude de ce côté. Ce point est incontestable, et cette politique n'est pas nouvelle; elle date de Louis XIV, « à qui Mazarin, selon M. Mignet, avait ouvert la succession d'Espagne par le mariage du grand roi avec Marie-Thérèse d'Autriche. »

Avant d'arriver à la discussion des faits que

nous nous proposons d'examiner, comme le point de départ est la guerre de 1701, dite *guerre de la succession*, il est bon de donner un précis clair et succinct des choses de cette époque.

Charles II, roi d'Espagne, qui mourut en 1700, était fils de Philippe IV, lequel Philippe IV était arrière-petit-fils de Charles-Quint. Philippe IV avait deux sœurs qui furent, l'une Anne d'Autriche, épouse de Louis XIII et mère de Louis XIV, l'autre, épouse de l'empereur Ferdinand III dont elle eut l'empereur Léopold. Philippe IV fut père de deux filles, l'une, Marie-Thérèse, qui épousa Louis XIV en 1660, l'autre, Thérèse-Marguerite, qui en 1666 épousa l'empereur Léopold. Ainsi, à deux reprises, les filles aînées d'Espagne étaient entrées dans la maison de France, les cadettes dans la maison d'Autriche, et le roi Charles II n'ayant point eu d'enfants, la couronne d'Espagne devant revenir à ses sœurs, ou, à défaut de ses sœurs, à ses tantes, le droit de la maison de France était évident, puisque d'après la coutume en vigueur alors en Espagne, les femmes parvenaient au trône lorsque la proximité du sang les appelait à recueillir le sceptre.

Marie-Thérèse en devenant reine de France avait renoncé à la couronne d'Espagne, et la même renonciation fut exigée de sa sœur Thé-

rèse-Marguerite; mais en échange de ses droits Marie-Thérèse devait recevoir une dot qui ne fut pas payée. « La clause de renonciation, dit
« un écrivain qui n'est pas suspect, n'avait pas
« été accomplie. Louis XIV, qui regardait un
« contrat particulier comme ne pouvant déro-
« ger à une loi fondamentale, réputait cet acte
« nul en lui-même; mais il se fortifia encore
« davantage dans l'opinion de son invalidité en
« voyant la cour de Madrid le violer de son côté.
« Il négocia dès lors avec elle pour obtenir la
« révocation de cet acte, et avec divers cabinets
« de l'Europe pour les préparer à la revendi-
« cation des droits de sa femme sur la monar-
« chie espagnole.

« ..... A l'avénement de Charles II (1666) (1),
« Louis XIV ne prépara pas seulement les autres
« puissances à ses projets sur la succession totale
« de l'Espagne, si elle devenait vacante; il se
« ménagea un moyen provisoire d'agrandisse-
« ment par le droit de *dévolution*, qu'il pouvait
« invoquer après la mort de Philippe IV et sans
« attendre celle de Charles II. Ce droit résultait
« d'une coutume en vigueur dans quelques pro-
« vinces des Pays-Bas, coutume qui donnait
« l'héritage paternel aux enfants du premier lit,
« préférablement à ceux du second. Louis XIV

(1) Charles II avait cinq ans.

« la détourna de son application civile pour la
« transporter dans l'ordre politique et lui faire
« régir la transmission des couronnes, ou tout
« au moins des provinces. Marie-Thérèse, sa
« femme, étant du premier lit, tandis que Char-
« les II était du second, il revendiqua pour elle
« la partie des Pays-Bas qui admettait le droit
« de *dévolution*..... Ne l'ayant pas obtenue d'une
« manière amiable, il envahit en 1667 la Flandre,
« et conquit la Franche-Comté. Cette première
« guerre, qui donna le branle à tout son règne,
« commença en 1667 et finit en 1668 par le
« traité d'Aix-la-Chapelle. Elle eut son origine
« dans une question de succession partielle de
« la monarchie espagnole. » (1)

Pendant cette campagne, Louis XIV signait
à Vienne un traité de partage éventuel de la
succession d'Espagne, traité que le retour à la
santé de Charles II annula de fait. Mais la con-
quête agrandit nos frontières du nord, et une
nouvelle ceinture de places fortes avec leurs
territoires fut ajoutée, ainsi que la Franche-
Comté, à la couronne de France. (2)

---

(1) *Introduction à l'Histoire de la succession d'Espagne.* —
Notices et Mémoires, par M. Mignet, tome 2, pag. 466 et 467 ,
2 vol. in-8., 1843, Paulin, éditeur.

(2) En 1668, Louis XIV avait acquis en Flandre les places
de Charleroi, Binch, Ath, Douai, Tournai, Oudenarde, Lille,

Cependant la reine Marie-Anne d'Autriche (1), mère de Charles II, poussa son fils à faire un testament, et le successeur désigné par le roi d'Espagne, fut le prince Joseph Ferdinand de Bavière. La reine-mère étant morte, Marie-Anne de Neubourg, seconde femme de Charles II, obtint de son mari qu'il révoquât le premier testament, et qu'il donnât sa couronne à l'empereur ou à l'un des archiducs. Cette nouvelle décision amena la paix de Ryswick, après une guerre de huit ans, que Louis XIV soutint avec gloire contre toute l'Europe, et par un traité secret signé à La Haye le 11 octobre 1698, entre la France, l'Angleterre et les Provinces-Unies, la monarchie de Charles II fut ainsi partagée : au prince de Bavière, l'Espagne, les Indes, les Pays-Bas et la Sardaigne ; au dauphin de France, le royaume de Naples, celui de Sicile, les ports qui appartenaient aux Espagnols sur la côte de Toscane, le marquisat de Final et le Guipuscoa ; à l'archiduc Charles, le duché de Milan ; les prétentions furent ainsi balancées, car le droit ne pouvait exister que pour un seul.

Armentière, Courtrai, Bergues, Furnes et leurs territoires. En 1678, il rendit Charleroi, Binch, Ath, Tournay, Oudenarde, et il obtint Valenciennes, Bouchain, Coudé, Cambrai, Aire, Saint-Omer, Ypres, Werwick, Warneton, Poperingue, Bailleul, Cassel, Bavay, Maubeuge et leurs territoires.

(1) Elle était fille de l'empereur Ferdinand III.

Mais les conventions ne sont jamais si secrètes qu'une indiscrétion ne les fasse connaître. Charles II, à la nouvelle du traité de La Haye, fit un troisième testament qui, cassant le second, rendait la couronne d'Espagne au prince de Bavière. Dieu se rit des vains projets des hommes : l'héritier pour lequel on semblait avoir travaillé mourut le 8 février 1699, âgé de six ans seulement. Nouveau traité signé à Londres le 25 mars 1700. Ce traité donne à l'archiduc Charles l'Espagne, les Indes, les Pays-Bas, la Sardaigne ; et au dauphin, en addition à son lot précédent, les duchés de Lorraine et de Bar ; le duc de Lorraine sera duc de Milan, et la France aura par la Lorraine, une frontière qui lui manque. La question des Pays-Bas reste sans être vidée. Au duc de Savoie, qui s'attribue des droits à la succession d'Espagne, Louis XIV offre le royaume de Naples, en échange du comté de Nice et du duché de Savoie. Par là la France eut obtenu les Alpes pour frontières, et elle s'agrandissait en outre au nord. L'empereur Léopold, pour ratifier ce traité, demanda à Louis XIV le duché de Milan, offrant en échange les Indes et les Pays-Bas. Le roi vit un piège : on voulait le brouiller avec l'Angleterre, qui n'entendait point que la France eût les Indes, et avec la Hollande, qui craignait le voisinage des Pays-Bas. Il refusa : l'empereur alors se tint en dehors de ces combinaisons, et déclara qu'il attendrait tout de l'avenir.

Cependant Charles II était forcé de faire un dernier testament. « La résolution la plus nationale, dit M. Mignet, triompha chez lui, et le 2 octobre 1700, il appela à la couronne le duc d'Anjou, second fils du dauphin. » On sait quelles furent les phases de la guerre qui prit le titre de *Guerre de la succession*, et qui, lors du traité d'Utrecht, laissa la monarchie espagnole à ce même duc d'Anjou, devenu Philippe V.

Jusqu'alors la loi espagnole avait, nous l'avons dit, appelé les femmes à la couronne en ligne directe, lorsque les héritiers mâles manquaient dans cette ligne, et de préférence aux droits des collatéraux. En 1713, Philippe V décréta et fit ratifier par les Cortès une nouvelle loi de succession, qui appelait d'abord au trône les héritiers mâles à l'exclusion des femmes, quel que fût le degré de proximité de celles-ci, et qui n'y admettait les femmes que dans l'absence totale des mâles de la maison régnante. Cette nouvelle loi, devenue fondamentale, a régi l'Espagne jusqu'à la mort de Ferdinand VII, traversant ainsi cinq règnes successifs. (1)

« Cependant en 1777, sous le règne de Charles III, le prince des Asturies, qui fut Charles IV,

____

(1) Philippe V, Ferdinand VI, Charles III, Charles IV, Ferdinand VII.

voyait périr au berceau presque tous ses enfants mâles, et était menacé de ne conserver que
des filles. Devant cet avenir douteux quelques
esprits s'alarmèrent, et l'on parla de l'ancienne
loi de succession ; mais ce projet s'éteignit de
lui-même (1). »En 1789, les cortès, à l'avénement
du roi Charles IV, furent réunies ; « un de leurs
actes qu'on a tenu longtemps secret, et dont
l'authenticité semble loin d'être prouvée, est celui par lequel Charles IV leur aurait fait abolir
la loi salique, introduite en Espagne depuis
l'avénement des Bourbons. (2). »

Quoi qu'il en soit de cet acte, il resta inconnu ;
il lui manqua pour avoir un caractère légal une
condition essentielle : la promulgation ; cette
promulgation n'ayant pas eu lieu, l'acte était ir-
régulier, et devait être considéré comme non
avenu. Ce fut cependant cette loi, tenue secrète
pendant quarante-un ans, illégale puisqu'elle
n'avait pas été promulguée, tombée en désué-
tude puisque personne n'en avait une connaissance officielle, que Ferdinand VII invoqua, le 29
mars 1830, pour casser la pragmatique de 1713.

Par ce décret, adressé à tous les nobles, chefs
d'administration et à tous ses sujets, Ferdi-

(1) *Tableau de l'Espagne moderne*, par **M. Bourgoing**, t. 1.,
pag. 175; édition de 1797.

(2) *Biographie universelle* ; supplément, art. Charles IV,
t. 60, p. 456.

nand VII expose, « qu'en 1789 les Cortès s'oc-
cupèrent, sur la proposition de Charles IV, de la
nécessité et de la convenance de faire observer
la méthode régulière établie par les lois du
royaume et par la coutume immémoriale pour
la succession à la couronne d'Espagne, en pré-
férant l'aîné au cadet et le mâle à la femme
dans les lignes respectives selon leur ordre; et
qu'ayant pris en considération les biens im-
menses que la monarchie avait retirés de son
observation pendant plus de sept cents ans, ainsi
que les motifs et circonstances éventuels qui
contribuèrent à la réforme décrétée par acte du
10 mai 1713, ces mêmes Cortès présentèrent au
roi une pétition datée du 3) septembre 1789, laquelle rappelait le grand bien qui était résulté
pour le royaume dès avant l'époque de l'union
des couronnes de Castille et d'Aragon, de l'ordre
de succession spécifié en la loi 2e, titre 15, 2e partie, et suppliait S. M. de vouloir bien, sans égard
pour l'innovation établie par l'acte ci - dessus
cité (celui de 1713) ordonner qu'on observât et
qu'on gardât perpétuellement dans la succession
à la monarchie ladite coutume immémoriale,
comme elle avait toujours été gardée et obser-
vée, et de faire publier une pragmatique sanction
comme faite et formée en assemblée de Cortès,
qui établît cette résolution et dérogation à l'acte
suscité.

« Que Charles IV prit le parti que demandait le bien du royaume, en répondant au rapport dont la junte des assistants de cour, gouverneur et ministres de la royale chambre de Castille avaient accompagné la petition « qu'il avait pris une résolution conforme à ladite supplique;» mais qu'il leur recommanda de garder pour le moment le plus grand secret, parcequ'il le jugeait utile à son service; que dans le décret dont il est question il ordonnait à son conseil d'expédier la pragmatique sanction d'usage en pareil cas; qu'ayant égard à cette circonstance les Cortès envoyèrent à la voie réservée copie certifiée de la susdite supplique et de tout ce qui s'y rapportait, et que l'on publia le tout dans l'assemblée avec la réserve conditionnelle. »

Ferdinand VII ajoutait « que les troubles de l'époque ne permirent pas l'exécution des desseins du feu roi, mais qu'après avoir examiné cette grave affaire, par son décret du 26 mars courant, il avait ordonné que sur le vu de la pétition originale et de la résolution prise à ce sujet par Charles IV et de la certification des premiers écrivains des Cortès qui accompagnait ces documents, on publiât immédiatement la susdite loi et pragmatique en la forme voulue et qu'on lui donnât le complément en l'expédiant avec force de loi et pragmatique sanction, comme faite et promulguée en assemblée des Cortès.»

A l'époque où Ferdinand VII attentait ainsi à l'éventualité des droits de son frère don Carlos, il n'avait encore de son mariage avec la princesse Marie-Christine de Naples ni prince ni princesse; la reine était enceinte de trois mois, mais on ne pouvait prévoir l'issue de ses couches. Ferdinand VII n'avait donc aucune raison pour changer ainsi la loi de succession, et il est à remarquer qu'en 1789 les Cortès n'avaient également aucun prétexte plausible, puisque Charles IV avait deux enfants mâles, Ferdinand, né en 1784, et don Carlos, né en 1788.

Isabelle naquit le 10 octobre. Un décret du 13 lui confère le titre de princesse des Asturies, « attendu qu'elle était héritière du roi et légitime successeur de la couronne tant que Dieu n'accorderait pas un enfant mâle à Sa Majesté.

Cependant il y avait doute sur les droits à la couronne, et le 30 janvier 1832, la reine étant accouchée d'une seconde fille, la route du trône restait ouverte à l'infant don Carlos. Le 17 septembre on crut Ferdinand mort par suite de la goutte remontée dans la poitrine, et avant cette attaque il avait révoqué le décret du 29 mars 1830, et rétabli la pragmatique de 1713. Son retour à la vie ramena de nouvelles intrigues. Par décret du 6 octobre la reine fut chargée de l'expédition des affaires, et le 31 décembre parut un autre décret, par lequel Ferdinand rapportait celui qui avait cassé l'acte du 29 mars 1830 et rendait à cet acte la force qu'il lui avait ôtée.

Aussitôt investie du pouvoir, Christine en avait profité pour destituer les grands et les fonctionnaires dévoués à la loi de 1713. On les remplaça par des libéraux, qui rentrèrent en faveur.

Le 4 avril 1833, Ferdinand VII rendit un décret par lequel, «s'appuyant, dit-il, sur la coutume immémoriale de l'Espagne, et sur la pragmatique de 1830 rétablissant l'acte de 1789 rendu contre l'innovation prétendue par le décret accordé de 1713, qui n'eut jamais son effet, il appelle les Cortès *por estamentos* (par états) à prêter, le 20 juin, serment à l'infante Isabelle comme princesse héritière du royaume, à défaut de prince mâle. »

Ces Cortès étaient composées des députés de trente-sept villes du royaume, choisis par les municipalités (*ayuntamientos*), dont les fonctions étaient à la nomination du roi. Chaque ville avait deux mandataires, et on adjoignait à cette assemblée une députation de la grandesse et du clergé. Devant cette réunion il y avait un parti à prendre : soumettre à la décision des Cortès le décret de 1830 et leur en demander la sanction. On ne l'osa pas. On n'admit les députés qu'à prêter serment à Isabelle comme héritière présomptive, sans discussion, sans observations, et ils le firent dans la mesure qui leur était imposée.

L'infant don Carlos, qui était en Portugal, fut invité par l'ambassadeur de Ferdinand à déclarer s'il consentait à prêter serment à Isabelle, et ce prince écrivit à son frère une lettre noble et touchante, de laquelle nous extrayons les passages suivants :

« Tu es mon souverain et mon maître, et de plus mon frère aîné, mon frère bien aimé, que j'ai toujours eu le bonheur d'accompagner dans toutes ses infortunes. Tu désires savoir si mon intention est de prêter serment d'obéissance à ta fille la princesse des Asturies ; avec quel plaisir n'aurais-je pas voulu le faire ! Tu dois me croire, tu sais que je parle toujours le langage du cœur ; que mon plus grand bonheur serait de pouvoir être le premier à faire ce serment, afin de t'épargner le désagrément d'un refus et les conséquences qui peuvent en résulter ; mais ma conscience, mon honneur et mes droits sont tellement légitimes que je ne puis m'en séparer. Dieu me les donna quand il lui plut de me faire naître, et Dieu seul peut me les ravir en t'accordant un enfant mâle, ce que je souhaite sincèrement et peut-être encore plus que toi.

« Outre cela je défends la justice et les droits de ceux qui viennent après moi. Dans cet état je me vois dans la nécessité de t'envoyer la déclaration ci-jointe, que je te fais dans ma sincérité, ainsi qu'à tous les souverains auxquels j'espère que tu la feras communiquer.

« Adieu, mon cher frère; crois à celui qui t'aime, et qui ne cessera de te recommander dans ses prières, comme ton bon frère,

« CARLOS. »

Suivait la déclaration.

« Sire,

« Nous, Carlos-Maria-Isidoro-Bourbon de Bourbon, infant d'Espagne, nous sentant bien convaincu des légitimes droits que nous avons à la couronne d'Espagne, dans le cas où survivant à Votre Majesté, elle ne laisserait point d'enfant mâle, déclarons que notre conscience et notre honneur ne nous permettent point de prêter serment ni de reconnaître d'autres droits.

« Sire, aux pieds de votre royale Majesté, votre bon frère et fidèle vassal,

« INFANT DON CARLOS DE BOURBON. »

Les rois de Naples, de Sardaigne, et plusieurs

prélats espagnols protestèrent aussi contre la pragmatique de 1830. Ferdinand répondit lui-même à son frère qu'il ne voulait point violenter sa conscience en l'obligeant de renoncer à de prétendus droits qu'il croyait tenir de Dieu seul, quoiqu'ils ne fussent fondés que sur la décision des hommes ; mais que sa présence pouvant servir de prétexte aux mécontents, il *l'autorisait* à se retirer *sur-le-champ* dans les états pontificaux.

Le 20 juin eut lieu la prestation de serment. Plusieurs prélats firent défaut, et entre autres l'archevêque de Tolède, qui comme primat des Espagnes aurait dû recevoir le serment des Cortès. Il fut remplacé par le patriarche des Indes.

Le 29 septembre, Ferdinand VII mourut ; la reine Christine fit proclamer Isabelle, et prit la régence en vertu du testament du roi, qui était daté du 12 juin 1830, et lui donnait ce titre si à l'époque de sa mort le fils ou la fille qui devait lui succéder n'avait pas dix-huit ans accomplis.

Aussitôt des insurrections éclatèrent à Talavera de la Reyna, à Bilbao, à Vittoria, qui reconnurent Charles V. Le Guipuscoa, l'Alava firent aussi leur mouvement. Burgos était à peine contenu, la Vieille-Castille se levait, et à Madrid des attroupements nombreux crièrent : *Vive Charles V ! à bas les négros ! à bas le gouvernement de la reine !* En Navarre, les carlistes furent défaits.

La guerre de plaine cessa, mais la guerre des embuscades et des guérillas commença. Bientôt elle se fit sur une échelle plus large.

Zumalacarreguy releva dans la Navarre l'étendard royal, à la tête de quelques soldats ; l'enthousiasme des populations suivit cet élan : bientôt Charles V eut une armée, au milieu de laquelle il accourut. L'Aragon, la Catalogne, le royaume de Valence enfantèrent une autre armée ; on sait les phases de cette guerre ; comment elle eut ses alternatives de gloire et de défaites ; comment il fallut le secours des baïonnettes étrangères pour soutenir le trône chancelant d'Isabelle ; comment Bilbao, au moment d'être prise, fut sauvée par l'intervention d'une escadre et d'artilleurs britanniques ; comment don Carlos vint aux portes de Madrid, tandis que Zariateguy s'était avancé jusqu'à Ségovie ; comment enfin la trahison de Maroto, et plus tard celle de Segara amenèrent la retraite de don Carlos, son passage en France, les revers de Cabrera, et la fin temporaire de ces longues discordes. L'histoire n'est pas assez vieille pour que toutes ces choses soient oubliées déjà.

Résumons-nous.

Le 29 mars 1830, Ferdinand casse la pragmatique de 1713. En 1832 il rapporte le décret de

1830, puis le 31 décembre il rend force de loi à ce décret de 1830, qu'il rétablit pour la seconde fois.

Le 20 juin 1833 il fait prêter serment à Isabelle par les *Cortès por estamentos*, mais l'infant don Carlos, les rois de Naples, de Sardaigne, l'archevêque de Tolède et d'autres prélats espagnols protestent. En présence de tous ces décrets contradictoires, donnant force de loi à la pétition et au décret de 1789, quand Ferdinand n'avait pas encore d'enfants, puis cassant ces premières dispositions pour les rétablir ensuite, qu'y avait-il à faire? Evidemment, puisque les Cortès étaient rassemblées, c'était le cas où jamais de soumettre à leur discussion le décret de 1830, et de le leur faire sanctionner. On ne prit pas cette mesure ; on les fit jurer en vertu du décret royal, rien de plus, et toute observation leur était interdite : on voulait s'appuyer sur une autorité légale, et on ne s'aperçut pas qu'on n'en avait que le simulacre. Ce fut une chose inouie, monstrueuse, sans exemple dans l'histoire, et qui enleva à la cérémonie le caractère qu'on voulait lui donner aux yeux du peuple. L'insurrection contre Isabelle devint légitime, puisque les Cortès n'avaient pas discuté et validé un droit envisagé par le roi lui-même sous des aspects différents et à des intervalles si rapprochés.

Tels sont les faits ; maintenant nous allons passer à la discussion de la question actuelle.

Ce qui préoccupe les esprits, c'est le futur mariage d'Isabelle. On parle de plusieurs prétendants : l'Angleterre offre un prince de Cobourg, mais la France le repousse. La France déclare que sa politique exige qu'Isabelle épouse un Bourbon, afin que la couronne d'Espagne ne sorte pas de la maison dans laquelle le testament de Charles II l'a fait entrer il y a un siècle et demi. Maintenant quel sera ce Bourbon ?

Une brochure qui traite de ce mariage a été recemment publiée, et elle a fait une certaine sensation dans le monde politique. Quoique son auteur ne l'ait point signée, on a prétendu qu'elle était due à un diplomate (1). C'est une humble requête adressée à l'Angleterre, afin d'obtenir d'elle que M. le duc d'Aumale devienne le mari d'Isabelle : mais déjà on désavoue cette brochure, de laquelle cependant on se promettait un bon effet. *La Presse*, dans son numéro du 20 juillet, déclare « qu'elle a cru d'abord que « c'était une manœuvre de l'Angleterre, ou du « moins l'œuvre des royalistes de France, mais « qu'elle a pris des renseignements sur l'ori- « gine de cette brochure, et que l'écrivain qui « l'a redigée, croyant peut-être faire acte de

(1) **M. le baron Billing.**

« *courtisan fort habile*, n'est rien de plus qu'un
« *écolier maladroit*. » *La Presse* veut bien ajou-
ter « qu'on peut mériter ce titre à tout âge.»
Ainsi l'aveu est complet; la brochure émane
d'un écrivain *bien pensant*, que l'on désavoue,
parceque l'on se serait compromis en l'a-
vouant.

La Presse, on le sait, défend les intérêts de
la reine Christine; elle soutient en outre les ins-
titutions qui dérivent de la charte de 1830. Que
s'est-il donc passé depuis la publication de la
brochure en question, quelles représentations
a-t-elle soulevées, quelles notes ont pu être
échangées pour que *la Presse*, organe dy-
nastique, désavoue un projet qui tendrait à
donner pour époux à Isabelle un prince de la
maison d'Orléans? Faut-il croire que lord Cowley,
qui en 1814 obtint de Ferdinand VII que *le
pacte de famille* fût abrogé à l'égard de l'Angleterre, a fait entendre quelques-unes de ces *observations* qui ne manquent jamais leur effet
auprès de notre gouvernement, ou que les christinos après avoir tâté le terrain en Espagne, et
après avoir étudié l'esprit des *alliés* que la
guerre leur a donnés, et dont ils ne sont que les
auxiliaires, sentent que leur puissance n'est
pas assez grande pour mener à bonne fin un
projet conçu dans l'éventualité d'une victoire,
qu'ils espéraient faire tourner à leur seul profit.

Malgré la réprobation dont on l'a tardivement frappée, car il a fallu pour qu'on la désavouât qu'on fût mis en demeure de le faire, la brochure en question mérite d'être examinée sérieusement, ne fut-ce que pour la pensée qu'elle exprime, et les éventualités qu'elle pose; éventualités qu'on a peut-être ajournées, mais que n'a certes pas abandonnées un système qui n'abandonne jamais rien. On peut vouloir endormir l'opinion publique avec un article de journal, on peut chercher à calmer une tempête, mais quand on ne peut marcher au but par la ligne droite, nous savons qu'on essaie d'y arriver en décrivant une courbe.

La question espagnole peut être envisagée de deux manières : au point de vue du droit monarchique ou au point de vue des faits accomplis. Cette double ligne sera notre point de départ, et si les deux lignes se rejoignent au but, si de quelque côté que l'on prenne la question, le résultat est le même, nous aurons trouvé la seule solution que l'on poursuit dans cette question vitale.

Au point de vue monarchique, le droit n'est pas douteux. La pragmatique de 1713 a donné la couronne à don Carlos. Le prince des Asturies est son héritier : après lui viennent les deux autres fils de don Carlos. Nous ne parlons pas de l'infant don François de Paule, parceque la constitution de **1812**, qui reconnaissait le droit salique, l'a positivement exclu pour des motifs qu'elle n'a pas voulu énoncer et que nous ne faisons que constater. Isabelle et sa sœur Ferdinande n'ont de droits en vertu de la pragmatique qu'à défaut d'héritiers mâles. Non seulement la pragmatique fut reconnue par l'Espagne, mais elle fut confirmée par le traité de Vienne du 30 avril **1725**, et elle était entrée dans le droit européen. Mais, dira-t-on, la loi confirmée par les Cortès de **1713** a pu être abrogée par celles de **1833**. Une première question se présente. Peut-on, cent vingt ans après la promulgation d'une loi, dépouiller de son bénéfice ceux auxquels ce droit a été acquis à titre d'héritage par le seul fait de leur naissance? Lorsque Philippe V établit en Espagne la succession des mâles, il régla l'avenir sur la naissance de son fils Louis, et il voulut prévenir autant qu'il était en lui la possibilité d'une nouvelle guerre de succession. Les princesses sont le lien naturel de l'alliance des états entre eux, et, en éloignant leurs droits autant que le permettaient les limites de la prévoyance humaine, Philippe V évitait à l'Espagne la chance d'une ambition étrangère. Si en **1777** on pensa à abolir la pragmatique, c'était par suite des événements douloureux qui frappaient le prince des Asturies dans ses enfants mâles. Le péril passé, on resta sous l'empire de la loi en vigueur, parceque l'on comprit que le sceptre était porté d'une main plus ferme par un homme que par une femme, et qu'en le donnant à une femme, on ouvrait le chemin du trône à un prince étranger, qui ne connaîtrait ni les mœurs ni les coutumes de l'Espagne. De quel droit aujourd'hui don Carlos est-il dépouillé de la couronne que sa naissance lui donnait, héritage qu'il doit conserver à ses fils, et que dans leur intérêt il ne peut jamais abandonner qu'en le leur cédant de son plein gré, si telle était sa volonté? N'a-t-il point de partisans en Espagne? N'est-ce rien que ce principe proclamé d'abord par des insurrections partielles sur un grand nombre de points du royaume? N'est-ce rien que ce drapeau, levé hardiment par deux cents hom· mes dans la Navarre, faible phalange qui, conduite par un héros, s'est bientôt transformée en une armée entière comptant plus de trente mille combattants, tandis qu'une autre armée presque aussi forte se groupait autour de Cabrera? N'est-ce rien que cette lutte de cinq années soutenue avec tant de courage, et qui n'a fini que par la trahison? N'est-ce rien que ce principe, qu'on n'a pu combattre qu'à l'aide d'une légion britannique de dix mille hommes et d'une légion française de sept mille braves soldats qui se sont fait tuer héroïquement par les baïonnettes des carlistes? N'est-ce rien que ce principe qui n'a vécu cinq glorieuses années que par les sacrifices volontaires des populations empressées de livrer à la fois leurs fils et leurs ressources pécuniaires? Tout cela a-t-il disparu par enchantement, et ne reste-t-il aucune étincelle de l'enthousiasme qui, de 1834 à 1839, s'est manifesté en faveur de don Carlos? La Navarre, le Guipuscoa, l'Alava, les provinces basques, les montagnes de la Catalogne, de l'Aragon, de Valence, de la Castille, se seraient transformées en trois ans; elles auraient passé des étendards de Charles V à ceux de Christine ou d'Espartero! Les faits prouvent le contraire : « Le mouvement actuel est une intrigue, a dit récemment don Carlos, prisonnier à Bourges : je ne me mêle pas au intrigues, et j'entends que mes sujets y restent étrangers comme moi. » Et à cette parole du roi, tous les carlistes sont restés immobiles. Ces hommes, qui combattaient, disait-on, pour des franchises et non pour le roi; ces hommes, auxquels la convention de Bergara assurait de vieux priviléges qu'on leur a déniés et ravis, la trahison accomplie ; ces hommes ne se sont pas levés au cri de leurs *fueros*, quand le moment était venu pour eux de ressaisir par la force ces droits auxquels ils tenaient, disait-on, par-dessus tout! ils sont restés tranquilles, laissant le mouvement défiler sous leurs yeux ; ils n'y ont pris, ils n'y prennent aucune part ; ils combattaient donc pour le principe monarchique. Eh bien, que ce principe reçoive une nouvelle et sérieuse atteinte par l'intronisation d'un prince étranger, mari d'Isabelle, et au premier mot du roi la guerre renaîtra. On ne se sépare pas facilement de la vieille carabine que l'on a portée si longtemps et avec tant de gloire dans les combats ; on ne renonce pas si aisément au culte monarchique quand on est convaincu que cette loi seule peut faire la force du royaume où l'on est né. Beaucoup d'Espagnols se rappellent encore ces mots extraits de la proclamation publiée par Ferdinand VII, le 2 mai 1815, à l'anniversaire même du jour où, sept ans auparavant, le sang espagnol avait été versé à Madrid, au nom de la France impériale, par Joachim Murat, grand-duc de Berg : « Une nation est esclave du moment où elle perd les rois nommés par les lois fondamentales ! »

Mais, dit-on, le temps d'*el rey netto* est passé en Espagne, et le règne des idées nouvelles est venu. Singulier absolutisme que celui d'un roi dont la volonté se brisait devant les franchises locales de chaque province ; un roi qui ne pouvait rien ordonner qu'avec l'assentiment de ses sujets, qui ne pouvait taxer la Biscaye, et auquel les trois provinces ne payaient qu'un droit gratuit; un roi qui ne pouvait donner à un étranger le droit de citoyen à Bilbao, si les habitants s'y opposaient; qui, en Aragon, se heurtait contre le *sinon non* du serment de ce royaume; qui, en Catalogne, ne pouvait lever un soldat, parceque les priviléges des Catalans les exemptaient du recrutement! Ne sait-on pas le mot de Ferdinand VII, entendant crier autour de lui : « *Viva el rey netto.* — Oui, le roi absolu, pourvu que je ne fasse que ce qu'ils voudront. »

Au point de vue monarchique, le roi, c'est don Carlos; et si, dans son héroïque résignation, pour briser même d'injustes préventions, pour rassurer les craintes de ceux qui l'ont combattu et qui ne savent pas quel trésor de clémence Dieu a mis dans le cœur des rois légitimes, don Carlos abdiquait en faveur de son fils aîné, et donnait ainsi à l'Espagne un jeune prince qui communiquerait à ce royaume régénéré l'élan et l'ardeur de son âge, n'est-il pas vrai que le mariage du prince des Asturies avec la fille de Ferdinand VII assurerait la tranquillité du royaume ibérique, en confondant dans une même union et ceux qui ont défendu la loi de 1713 et ceux qui, dans leur ignorance et leur bonne foi, ont cru à la légalité du décret de 1830 et à une prétendue sanction des Cortès de 1833?

Mais le prince des Asturies a été élevé à l'école de son père, dit-on, et il n'arriverait en Espagne qu'avec des idées de réaction, de vengeance et de despotisme! Quelles leçons a-t-il reçues? Quand Ferdinand VII vivait encore et qu'autour de lui se nouait par l'infante Carlotta l'intrigue qui a abouti à la loi de 1833, quand cette infante rêvait, par l'abolition de la pragmatique, un mariage qui vengeât ses enfants de l'affront fait à leur père par la constitution de 1812; quand elle cherchait, au moins pour l'un d'eux, un titre légal de prince refusé par les Cortès de Cadix, don Carlos donnait l'exemple du respect et de la soumission : on voulait le faire roi, il se réfugiait en Portugal et déclarait qu'il désavouerait ceux qui oseraient se servir de son nom. Il n'avait qu'un mot à dire, et la révolte éclatait; qu'un signe à faire, et l'Espagne était embrasée. Devenu roi, quand on mettait sa tête à prix, il ordonnait à ses généraux, si la reine Christine ou les princesses ses filles tombaient entre leurs mains, de les traiter avec le respect qu'ils auraient pour lui-même! Son premier acte dans les provinces a été la confirmation des priviléges et franchises locales; sa première proclamation un acte de clémence et de pardon! Quand ses troupes chargeaient dans leur noble ardeur, il leur abandonnait les légions étrangères, mais il leur criait, en digne fils d'Henri IV : « Epargnez vos frères égarés, qui sont mes enfants ! » Don Carlos a les idées de sa naissance, ajoute-t-on : pour lui la noblesse est tout et le peuple n'est rien ; son fils est comme lui, imbu de ce préjugé. Voyons ses actes. Envers qui a-t-il été injuste ? quels services a-t-il laissés sans récompense ? Depuis les grades inférieurs jusqu'aux grades les plus élevés, la plupart des officiers carlistes sont sortis des rangs du peuple ; ils ont été promus aux honneurs et aux dignités par leur courage et par la reconnaissance de don Carlos. Ils sont le fruit de leurs œuvres, le fruit de la munificence royale ; ils se sont fait *ancêtres*, comme les généraux de notre première révolution, comme les maréchaux de notre empire ; les noms qui leur ont été donnés, leurs grades, leurs cordons, attestent combien on a calomnié ce roi, qu'on ne pouvait abattre que par la calomnie ! Depuis qu'il est à Bourges, ne lui a-t-on pas proposé d'abdiquer, en ajoutant qu'une abdication sous le coup de la force et sur une terre étrangère était nulle et sans valeur, et qu'une fois en liberté il recouvrerait ses droits, déchirerait son abdication et reprendrait sa couronne ! Qu'a-t-il répondu ? « Je ne signe rien que je ne sois prêt à reconnaître ce que j'aurai promis ; on me propose un mensonge ; roi et chrétien, l'honneur et la religion ne me permettent pas de mentir. »

Voilà les exemples que le prince des Asturies a reçus de son auguste père : tous ses instincts sont généreux; il n'a sous les yeux que des vertus, et il puise chaque jour dans les conseils du roi, et dans les sages avis de la seconde mère que Dieu lui a donnée, l'énergie qui soutient les royautés malheureuses dans les épreuves que Dieu leur a faites, et l'ardent désir de prouver à l'Espagne qu'il serait un roi digne d'elle si la couronne lui appartenait.

Mais on prétend que les faits ont parlé, qu'un nouvel ordre de choses a surgi de la dernière révolution; que tout retour au passé est impossible; qu'Isabelle est reine d'Espagne; qu'elle est reconnue par deux grandes puissances et par deux autres royautés, satellites obligées de ces royaumes de premier rang. Les droits d'Isabelle sont garantis par la France, l'Angleterre, le Portugal et la Belgique; les Pays-Bas eux-mêmes y ont une légation. Eh bien! de même que nous avons été francs et explicites pour le principe monarchique, nous allons raisonner au point de vue des faits accomplis avec la même franchise et la même loyauté : c'est rentrer dans l'examen de la brochure faite au profit de M. le duc d'Aumale.

Le *Pacte de famille*, conclu en **1761** entre Charles III et Louis XV, traité invoqué par Napoléon lui-même jusqu'en 1808, existe toujours pour l'Europe. L'Angleterre en 1814, invoquant les services qu'elle avait rendus à l'Espagne, en a obtenu la révocation, mais pour elle seule, et il importe à la sûreté de la France que sa tranquillité soit assurée du côté de l'Espagne. Pour que cette tranquillité soit garantie par le choix du mari d'Isabelle, il faut que ce mari soit un Bourbon.

L'auteur de la brochure que nous examinons déroule la liste des princes de cette famille qui ont ou auxquels on suppose des prétentions. Le premier prétendant est le fils aîné de don Carlos, et on le repousse. Quelles sont les conditions formulées et auxquelles il ne répond pas? «Ce mariage opérerait la fusion des deux partis qui ont désolé l'Espagne; mais la lutte est finie, et cette alliance serait un anachronisme.» Nous croyons connaître l'Espagne aussi bien que l'auteur de la brochure, et n'eussions-nous pour nous que le caractère énergique, opiniâtre et persévérant de ce grand peuple, nous y puiserions la preuve qu'une lutte n'est pas finie, par cela seul qu'elle se repose dans une trêve plus ou moins longue. A la chute des Stuarts l'Angleterre a été agitée pendant cinquante-sept ans par des collisions qui ne se sont assoupies qu'après la défaite de Culloden, et les Jacobites n'ont reconnu la dynastie de Brunswick qu'en 1806, quand la légitimité s'est éteinte dans la personne du cardinal d'York (Henri IX). Il n'a pas fallu moins que l'invasion française de 1808 pour éteindre les haines de l'Aragon et de la Catalogne contre les princes de la maison de Bourbon, car l'Aragon et la Catalogne avaient embrassé le parti de l'archiduc Charles dans la guerre de la Succession, et ces provinces l'avaient reconnu sous le nom de Charles III. Ainsi tant qu'il a existé un Stuart il a eu des sujets dans le Royaume-Uni. Pendant un siècle les Catalans et les Aragonais sont restés soumis au souvenir de la maison d'Autriche : il a fallu pour les rallier au roi légitime que Dieu lui donnât l'auréole de la captivité, et trois années auraient suffi pour éteindre le carlisme en Espagne ; mais si le principe monarchique n'a plus de racines dans la Péninsule, si le peuple a oublié déjà ses traditions d'hier, pourquoi l'Espagne ferme-t-elle ses portes à ces quinze ou vingt mille soldats entrés en 1839 et 1840 en France, d'abord avec don Carlos, ensuite avec les généraux Balmaseda et Cabrera? Si le feu de la guerre est éteint, si ces hommes que repoussent toutes les amnisties *royales* et *nationales* ne doivent plus trouver d'écho dans l'âme de leurs compatriotes, pourquoi les priver de l'air de la patrie? pourquoi les tenir exilés de la chaumière paternelle? L'Espagne, décimée par ses discordes, a besoin de tous ses enfants ; il lui

faut des bras pour fertiliser la terre, rendue sté-
rile par tant de combats parricides. Ouvrez donc
aux carlistes la frontière que les christinos
passent si aisément! Mais non, vous ne le ferez
pas! pourquoi? parceque vous croyez qu'il y a
danger, et c'est ainsi que vos actes démentent
vos paroles, et se retournent contre vous, car ils
prouvent ce que vous niez.

Vous dites que le prince des Asturies ne con-
cilierait pas les esprits divisés; mais qui peut
donc les concilier si ce n'est lui? Il vous apporterait d'abord les hommes qui ont servi son
père, et sa présence, en calmant les haines qui
couvent, serait le plus sûr gage du bonheur de
la patrie. Unis à la royauté par le retour de leur
jeune prince, les carlistes cesseraient d'être
un objet de crainte et deviendraient l'appui
du trône, comme les christinos trouveraient
dans la position d'Isabelle la récompense
des services qu'ils lui ont rendus. Enfin
l'œuvre de la réconciliation générale se ferait
par une convocation des *cortès por estamentos*,
qui, réunis librement et franchement, s'oc-
cuperaient de concert avec le pouvoir royal
à mettre fin par une amnistie générale aux
divisions intestines. Qu'exige-t-on du mari d'Isabelle? «Une solide instruction, de bons exemples,
la connaissance et la pratique des hommes, la
fermeté, la sagesse nécessaire dans un pays

agité, et enfin l'esprit de conciliation et l'art du rapprochement des partis. » Eh bien ! interrogez ceux qui ont vu et qui voient le jeune prince dans la captivité qu'on lui a faite ; tous vous diront que ses heureuses qualités, ses dispositions naturelles, les leçons du malheur, l'ont placé à la hauteur de l'avenir qui lui serait accordé si Dieu et l'amour des Espagnols lui rendaient ce qu'il appelle de tous ses vœux, le soleil de la patrie.

Il ne pardonnerait pas !... Mais il descend de Henri IV, et quand le bon roi était au Louvre est-ce qu'il y avait pour lui deux partis en France ; est-ce que la fin de la Ligue avait mis dans son cœur autre chose que l'amour ; est-ce qu'il ne se promenait pas dans les jardins de Fontainebleau avec Mayenne à sa droite et Sully à sa gauche ; est-ce qu'il mettait la moindre différence entre l'amiral de Villars et le maréchal de Biron ? Après la Fronde ne voyait-on pas autour de Louis XIV et Turenne et Condé ; le grand roi se souvenait-il qu'à la journée de Saint-Antoine l'un avait défendu son pouvoir que l'autre attaquait : la revanche que Condé devait à la royauté, Louis XIV lui fournissait les moyens de la prendre à Steinkerque, où se retrempèrent les lauriers du héros de Lens et de Rocroy. On met en avant encore la sympathie que le fils de don Carlos peut avoir pour un autre prince, frappé comme lui par l'infortune la plus imméritée, et l'on ne s'aperçoit pas que cet argument on le rétorque plus loin en rappelant que les princes oublient les liens de la parenté pour ne songer qu'aux intérêts de leurs peuples. Philipe V, né duc d'Anjou, prince français, oncle de Louis XV, a fait la guerre à son neveu dans l'intérêt de l'Espagne; et l'on voudrait que le prince des Asturies sacrifiât les intérêts de l'Espagne à des intérêts de famille! Il ne fallait pas citer un pareil précédent si on voulait donner une espèce de base à une insinuation qui tombe d'elle-même.

Le prince des Asturies a appris par le malheur à connaître les hommes; quoique bien jeune il a beaucoup souffert, et le ciel n'a pas mesuré ses souffrances aux courtes années de sa jeunesse. Ses preuves d'énergie, il les a faites en accourant du fond de l'Allemagne pour rejoindre son auguste père; il était né prince, et il lui a fallu cacher sa naissance; on lui devait des honneurs, et on n'a semé sur son passage que la persécution; fier du beau nom de Bourbon, dont il est si digne, il a dû taire ce nom glorieux et passer à travers la France (d'où Philippe V est parti) non comme un prince issu de la plus illustre famille du monde, mais comme un proscrit qui craint de se montrer.

Du prince des Asturies l'auteur de la brochure passe aux fils de l'infant don François de Paule. Ici nous sommes de son avis. Si l'infant don François est prince de la maison d'Espagne, s'il a transmis ce titre à ses enfants, qu'on nous explique l'exclusion dont l'a frappé la constitution de 1812. Ce serait un malheur pour les fils de don François d'être jugés d'après la conduite de leur père. Don François a usé sa vie à trahir tout le monde. Il a conspiré contre don Carlos, il a conspiré contre la reine Christine, qui a été obligée de le chasser d'Espagne, et il vient de conspirer aujourd'hui contre Espartero.

Le fils de l'infant duc de Lucques est cité en troisième ligne; mais quoique issu de la branche espagnole, c'est un étranger pour l'Espagne. Ce prince ne saurait se prêter au rôle qu'on lui fait jouer. Les principes d'après lesquels il a été élevé ne permettent pas d'établir cette supposition. Acceptât-il cette candidature dont on parle, quelle autorité aurait-il dans un pays où il faut au moins apporter ou rallier un parti? C'est là la dot exigée. L'infant de Lucques ne rallierait pas les carlistes, qui le verraient avec répugnance arriver pour fausser le principe monarchique. Imbu des droits en vertu desquels il doit régner, il ne peut prendre une couronne toujours régie à ses yeux par le principe que lui-même il aura besoin d'invoquer un jour, et il ne saurait changer un avenir certain contre une éventualité douteuse.

Nous cherchons en vain pourquoi l'auteur de la brochure fait intervenir ensuite un nom que le malheur au moins lui commandait de respecter. A-t-il besoin de ce nom pour arriver à M. le duc d'Aumale? Si l'auteur est diplomate, comment le plus simple bon sens ne lui a-t-il pas dit que M. le duc de Bordeaux est, par le seul fait de sa naissance, en dehors d'une combinaison qui porterait atteinte aux droits de ses parents.

Ce long préambule dans la brochure précitée, cette discussion de personnes, tous ces détails oiseux se résument dans ce fait, qu'il n'y a que M. le duc d'Aumale qui puisse épouser la reine Isabelle, et l'auteur demande pourquoi l'Angleterre s'y opposerait. Guillaume III et l'Europe n'ont-ils pas tout d'abord, moins l'empereur, reconnu Philippe V à son avénement, et puisque les Bourbons règnent sur l'Espagne depuis cent cinquante ans à peu près, l'avénement de M. le duc d'Aumale ne changerait rien. C'est raisonner contrairement à la logique des faits et à la vérité des récits de l'histoire. Guillaume III reconnut Philippe V, d'abord parceque roi par une révolution il ne pouvait contester la légalité d'un roi nommé par le droit de succession, ensuite parceque l'Angleterre, où le parlement est maître, fait des guerres d'intérêt général et non des guerres de personnes; enfin parceque, saluant Philippe V à son avénement, Guillaume espérait que Louis XIV abandonnerait la cause de Jacques II. Mais quand il vit que quoiqu'il fût roi à Londres il y avait toujours un roi à Saint-Germain; quand il vit que le droit n'était pas sacrifié au fait, et que Jacques III avait été proclamé sur la tombe de Jacques II, alors la vieille haine du stathouder se réveilla. Il comprit ce que son ambition et la soif de régner lui avaient fait perdre de vue; il vit ce que l'Espagne unie à la France pouvait devenir; il se rapprocha de l'empereur, et conclut une ligue dans laquelle il fit entrer la Hollande. De là la guerre de la succession, qu'il commença et que la reine Anne dut continuer. On prit pour prétexte les prétendus droits de l'archiduc et les lettres patentes qui conservaient à Philippe V ses droits de prince français. On y vit la possibilité de réunion des deux couronnes sur la même tête : c'était l'empire du monde. Le parlement le sentit, accorda les subsides, et la guerre commença pour durer douze années.

Aujourd'hui il n'y a plus de Stuarts à Saint-Germain. La politique généreuse de la France a changé, la France n'est plus l'asile des rois malheureux; quand l'infortune atteint les princes, et qu'ils se réfugient en France, on les fait prisonniers; c'est le seul honneur qu'on rend à la majesté royale. M. le duc d'Aumale n'est pas un Philippe V, il n'arriverait pas en Espagne pour être roi, mais pour être le mari de la reine, ce qui est bien différent. L'Angleterre ne voit pas en lui un principe, mais une personne, et elle est opposée à la personne en 1843 comme elle l'a été au principe en 1700. l'Angleterre a reconnu la révolution de juillet, mais quand la France a voulu s'étendre, elle lui a barré le passage. La France aurait voulu donner à M. le duc de Nemours, la couronne de Belgique : qui s'y est opposé? l'Angleterre. Or l'Angleterre ne cédera pas à Madrid ce qu'elle a repoussé à Bruxelles.

Emporté par son zèle de *courtisan maladroit*, comment l'auteur de la brochure n'a-t-il pas vu qu'il se mettait en contradiction avec lui-même. La moitié de son travail est employée à énumérer les phases de la guerre de la succession, le sang qui a coulé pendant douze ans, les luttes en Espagne, en Italie et sur nos frontières, et il ne s'aperçoit pas que de pareils sacrifices à faire ne sont plus possibles aujourd'hui, et que le souvenir de la guerre de 1701 est une des grandes difficultés contre lesquelles M. le duc d'Aumale verrait ses prétentions se briser.

En 1700 il y avait politique grande et large à placer Philippe V sur le trône, à braver l'Europe souvent vaincue par le grand roi, à prodiguer pour soutenir le petit-fils de Louis XIV le sang et l'or de la France. C'était porter les frontières françaises jusqu'à Gibraltar. Philippe V apportait à l'Espagne l'alliance éternelle de la France. Qu'apporterait M. le duc d'Aumale! rien, du côté de la France, isolée dans sa politique, impuissante par cet isolement, et forcée à la paix parcequ'elle ne peut faire la guerre.

Nous n'avons qu'un allié pour nous, c'est l'Angleterre, mais l'Angleterre ne recule jamais devant les guerres qui ont son intérêt pour but, et ici son intérêt est contre le M. duc d'Aumale. L'Angleterre, si elle avait à proposer un prince et à le faire accepter, le choisirait favorable à ses projets mercantiles et à sa politique. Elle pourra subir un prince qui ne soit pas de la famille d'Orléans, parcequ'elle ne se heurtera pas contre l'inflexibilité espagnole, mais ce prince, elle ne le prendra pas à Paris. Que veut l'Angleterre? introduire ses draps, ses laines, ses cotons, ses soieries, ses vins de Portugal et des Iles, ses porcelaines en Espagne au détriment des produits espagnols? M. le duc d'Aumale accepterait-il ce marché? les Espagnols le renverraient à son père! Le refusera-t-il? l'Angleterre fera de ce mariage un cas de guerre; et il faudra bien que la France céde comme elle a toujours cédé à sa *fidèle alliée!*

Qu'on ne fasse pas de M. le duc d'Aumale un

a utre Philippe V. Philippe V était Espagnol par son aïeule Marie-Thérèse et par sa bisaïeule Anne d'Autriche; où est le sang espagnol qui coule dans les veines de M. le duc d'Aumale. Quel bien fera-t-il dans ce pays où il est inconnu, auquel il est complétement étranger; quel droit a-t-il à ce trône auquel son aïeul a renoncé il y a cent trente ans, et duquel les événements de 1830 l'éloignent plus que jamais ! Quel parti conciliera-t-il ? Quelle opinion rapprochera-t-il du trône. A l'intérieur, à l'extérieur, le duc d'Aumale ne trouverait que des ennemis, et tout cela pour être le mari d'une enfant qui peut vivre comme elle peut mourir, pour venir se heurter inutilement contre le pouvoir d'un ministre, pour jouer le rôle que Léopold n'a pas pu jouer à Londres, et que le prince Albert y joue en ce moment. Le mariage fût-il décidé, les Cortès ne pourraient pas faire le duc d'Aumale roi, sans briser la vieille loi qu'ils ont ressuscitée, sans dépouiller l'infante Ferdinande des droits que cette loi lui assure. Que serait-ce que l'Espagne, si après avoir cassé la pragmatique de 1713 au profit d'Isabelle, elle cassait la constitution actuelle au profit d'un étranger.

En résumé le duc de Cadix ou l'un de ses frères ne peuvent être choisis pour Isabelle, parceque les antécédents de l'infant don François de Paule, la flétrissure de 1812, les liaisons

de ce prince avec les exaltés, et ses sourdes me-
nées ne donnent aucun gage à l'Espagne. Ces
princes trouveraient toujours devant eux le principe monarchique dont l'inflexibilité ne plie pas,
et ce choix serait le signal d'une nouvelle con-
vulsion intérieure.

L'infant de Luques est étranger à l'Espagne.
Il est trop pénétré du respect qu'il doit au principe monarchique, en vertu duquel il régnera un
jour, pour qu'on ose supposer qu'il y porterait
atteinte. Agit-on en son nom, et malgré lui, on
trouverait contre lui comme pour les fils de
l'infant don François de Paule, les carlistes
qu'on ne rallierait pas, et on sait qu'ils sont
nombreux.

M. le duc d'Aumale est impossible, nous ve-
nons de le prouver. Il a contre lui l'Angleterre,
il aurait contre lui l'Espagne et l'Europe. Le
cabinet de Londres poursuivra toujours son
droit d'influence à Madrid. Quels que soient les
embarras de l'Irlande, et peut-être à cause de
ces embarras, dont une guerre au dehors pourrait atténuer les dangers en ralliant tous les esprits au gouvernement (ainsi que cela s'est vu
à la fin du siècle dernier), l'Angleterre n'hési-
tera pas à repousser le fils de Louis-Philippe,
quand même on supposerait (ce qui n'est guère
supposable) que la France oserait braver sa
fidèle alliée au point de déférer au prétendu

vœu de l'Espagne en faveur du duc d'Aumale. Qu'a donc voulu l'auteur de la brochure et ceux qui lui ont mis la plume à la main? lancer un ballon d'essai, sonder l'opinion et voir s'il serait possible de faire réussir à Madrid la comédie qui a échoué à Bruxelles avant l'intronisation de Léopold.

Reste le prince des Asturies.

Au point de vue du principe monarchique son droit n'est pas douteux.

Au point de vue des faits accomplis, il est le seul qui réunisse les qualités que l'Espagne peut désirer. Il apporte avec lui le droit qui a régi la Péninsule pendant près d'un siècle e demi ; il est le chef naturel du parti nombreux qui a combattu pour les droits de son auguste père, et dont seul il peut concilier les justes prétentions. Il est Espagnol, petit-fils de Charles IV, neveu de Ferdinand VII. Jamais alliance royale ne promit de plus heureux et de plus féconds résultats. L'Espagne a besoin de repos, de bonheur, de tranquillité. Le prince des Asturies a pour cortége des milliers de proscrits qu'il ramenerait avec lui, riche population qui séchera bien des larmes et fécondera la patrie. Dès qu'il paraîtra, tous les fronts des sujets de son père se courberont devant lui. Désirée en secret par bien des Espagnols qui ont combattu Charles V, mais dont les yeux sont dessillés aujourd'hui; appuyée

par les vœux des puissances qui, plus désinté-
ressées dans la question, ne cherchent pas à
exercer en Espagne une influence exclusive,
cette combinaison ne saurait blesser la suscep-
tibilité nationale, car c'est un prince espagnol
qu'il s'agit de faire épouser à une princesse espagnole, et dans quel but? pour faire cesser une
guerre civile qui a ensanglanté la Péninsule et
qui se renouvellera si cette occasion heureuse
de pacifier l'Espagne n'est pas mise à profit

Si la guerre a désolé l'Espagne pendant cinq
années, par une heureuse coïncidence Isabelle
et le prince des Asturies sont restés étrangers
à ces luttes sanglantes. C'est au nom d'Isabelle
que la reine Christine a combattu don Carlos;
mais Isabelle, enfant, n'a rien ordonné et a vu
passer les événements sans y prendre part. Aux
yeux de Charles V, Isabelle est toujours de-
meurée la fille chérie d'un frère bien aimé.
Don Carlos a soutenu ses droits, mais contre
l'ambition seule de la reine Christine, et le prince
des Asturies n'a été pendant quelque temps que
le premier soldat de l'armée de son père. Ce qui
s'est fait dans le camp royal, s'est fait pour don
Carlos; ce qui s'est fait de l'autre côté, s'est fait
pour la reine Christine. Isabelle et le prince des
Asturies n'ont rien à venger, rien à punir : ils
ne dateront que du moment où ils seront unis.
Tous deux régneraient au nom de la justice et

de la concorde. La grande famille verrait se réunir, se confondre tous ses enfants divisés; il ne pourrait sortir de cette alliance qu'une réconciliation sincère, honorable pour tous les partis, et l'Espagne remonterait au rang glorieux des nations sous un double sceptre vraiment pacificateur.

Sans doute lorsque deux factions rivales ont divisé un pays il peut sembler difficile de réunir sous le même sceptre les hommes qui se sont combattus les armes à la main; mais la Ligue et la Fronde sont là pour attester que cette réconciliation peut être et serait franche et sincère. Dans les circonstances actuelles chacune de ces opinions a son représentant naturel dans le prince des Asturies et dans la jeune Isabelle, unis dans un même amour, et intéressés tous deux à résoudre ce problème. La générosité de leur cœur, l'intérêt d'une même politique, tout est d'accord pour tranquilliser les esprits, pour rassurer toutes les inquiétudes. Des réformes sont nécessaires; l'administration ébranlée par les secousses d'une longue guerre civile a besoin de se raffermir; mais une amnistie générale et complète ouvrirait à l'Espagne agitée une ère de bonheur et de prospérité; les progrès des autres nations seraient consultés et appropriés aux besoins nouveaux de la Péninsule ibérique; des Cortès librement convoquées, appelées à une discussion franche, pourraient être chargées de délibérer sur le sort futur de l'Espagne. Enfin devant un règne qui prendrait pour programme : *union et oubli*, la France n'aurait rien à redouter, et l'Europe sympathiserait dans sa joie avec cet événement glorieux, qui éteindrait à jamais toutes discordes, couperait court aux ambitions étrangères, détruirait toute chance de retour de la guerre civile, et sauverait l'Espagne du danger des théories révolutionnaires qu'elle essaie si inutilement depuis dix ans !

Paris, Imprimerie de Poussielgue, rue du Croissant, 12.

BIBLIOTHÈQUE ROYALE

I

87

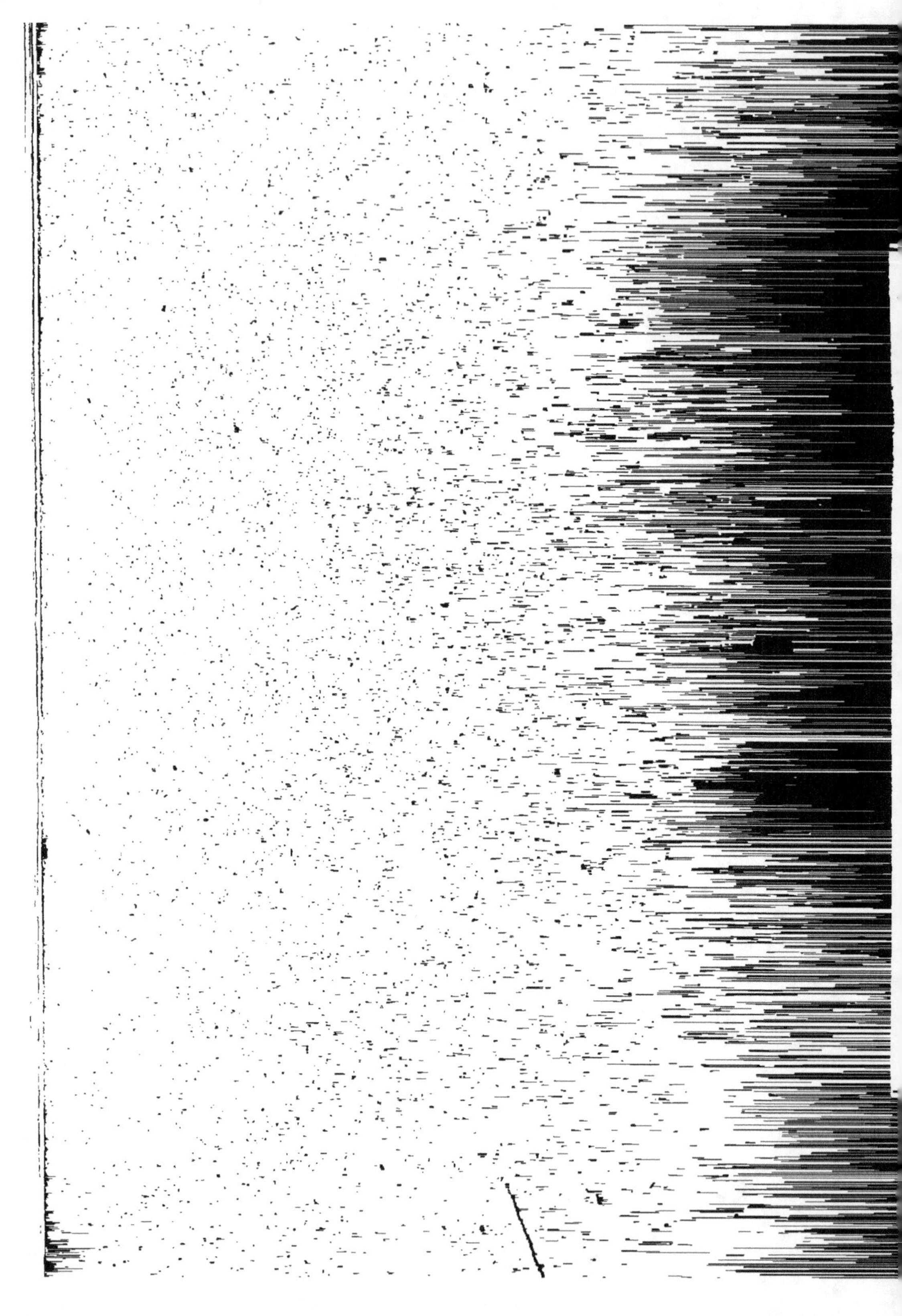

www.ingramcontent.com/pod-product-compliance
Lightning Source LLC
Chambersburg PA
CBHW061618060726
47597CB00005B/1689